ようこそ、歴史秘話ヒストリアへ

この本は、NHK番組「歴史秘話ヒストリア」の内容をもとに編集してあります。番組では、歴史上の人物が何に悩み、悲しみ、よろこんだのかといった、これまでとはちがった角度から、歴史の秘話がひもとかれていきます。歴史という大河のひとしずく〜秘話〜によって、つぎつぎと明らかにされる新しい歴史のすがたをお楽しみください。

「ヒストリア（historia）」とは、古代ギリシャ語などにある言葉で、歴史を意味する英語「ヒストリー（history）」のもととなった言葉です。

目次

嚴島神社　ふしぎの島の物語
〜ヒーローたちが愛した世界遺産・宮島の旅〜　4

- Episode 1　びっくり！　宮島・神秘の世界!! …………………… 4
- Episode 2　われに幸運を招きたまえ！　清盛 祈願プロジェクト …………… 6
- Episode 3　戦国一の大勝利は鹿と神様のおかげ…?! …………… 8

それ行け！　パワースポット
〜世界遺産・熊野と女たち〜　10

- Episode 1　神々の地　熊野への招待 …………………… 10
- Episode 2　お供は私よ！　熊野 女の戦い …………………… 12
- Episode 3　熊野の森を守れ！　夫婦の奮闘と絆 …………… 14

せめて キモチいい部屋をつくろう
～金閣と銀閣　美を愛した将軍たち～　　**16**

- Episode 1　切り札は金閣！　最強将軍の秘策 …………… 16
- Episode 2　将軍はつらいよ　義政・銀閣への道 ………… 18
- Episode 3　銀閣建立　義政　男の隠れ家 ………………… 20

富士山に魅せられて
～日本一の名峰を巡る人々の物語～　　**22**

- Episode 1　高山たつ　富士山に立つ ……………………… 22
- Episode 2　くじ引き将軍　富士に行く …………………… 24
- Episode 3　日本を救った富士登山 ………………………… 26

姫路城　美と強運の400年物語
～巨大迷路の秘密を探る旅～　　**28**

- Episode 1　美と戦いの迷宮へようこそ ………………… 28
- Episode 2　築城ラッシュ　奇跡の15年 ………………… 30
- Episode 3　幸運に守られたお城の"奇跡" ……………… 32

富岡製糸場　世界遺産へ
～世界を魅了した少女たちのシルク～　　**34**

- Episode 1　探検！富岡製糸場 …………………………… 34
- Episode 2　"一等工女になりたい"　明治の青春物語 … 36
- Episode 3　少女たちの戦争 ……………………………… 38

嚴島神社 ふしぎの島の物語
～ヒーローたちが愛した世界遺産・宮島の旅～

荘厳なたたずまいを見せる嚴島神社（広島県廿日市市）の朱塗りの大鳥居。後方に見えるのは本殿、拝殿、廻廊など、嚴島神社の中心となる建物。

Episode.1　びっくり！　宮島・神秘の世界！！

　まるで海にうかんでいるかのような不思議な社殿。世界でも類を見ないこの海上社殿をもつのは、廿日市市の宮島にある嚴島神社です。床の高さは潮の干満を計算してつくられていて、満潮時の姿はまさに竜宮城です。

　宮島への来島者は年間400万人以上。商売繁盛や家内安全を願って、全国から参拝客がおとずれます。この嚴島神社と宮島をめぐる神秘と不思議の旅にご招待しましょう。

　現在、わたしたちが見ることのできる嚴島神社は、平清盛が平安時代のおわりに改築したものが原型となっています。しかし、神社自体は、それより約600年さかのぼる飛鳥時代から存在していたといわれます。言い伝えによれば、今から約1400年前、神様をまつる場所をさがして島をめぐっていたところ、神の使いとされるカラスにみちびかれて、この場所にやってきたといいます。

　ところで、嚴島神社の境内では、引き潮で海の水が引くと不思議なものがあらわれます。それは鏡池（鏡の池）です。水たまりではなく、地下から真水がしみでています。境内に

海上社殿で知られる嚴島神社は廿日市市の沖合の宮島（正式な島名は嚴島）にある。

嚴島神社

■ 解説

広島県の厳島にある神社。平安時代の寝殿造りの建築で、潮が満ちてくると海にうかんでいるように見える社殿が有名。おもな祭神は市杵島姫命。平安時代のおわり、平清盛が今も残る社殿の基礎をつくった。1996年、嚴島神社とその前面の海、背後にある弥山の原始林をふくむ区域がユネスコの世界遺産（文化遺産）に登録。日本独自の文化を伝えるすぐれた建築で、島全体が文化的景観をなしていると評価。厳島は宮島（安芸の宮島）とよばれることが多く、本文では宮島としている。

平清盛

潮が引くとあらわれる鏡池。

は、おなじような池が3つあり、引き潮のときは、池からあふれた水が海に流れこみ、潮が満ちてくると、海水と真水がまざりあいます。このような場所は、神道の世界ではとても神聖だと考えられています。

神社のある宮島自体も神秘の島といわれています。それをしめすのが嚴島神社のうしろにそびえる弥山です。標高535メートル、宮島でいちばん高い山です。弥山の頂には、大きな石が数多くあります。巨大なものでは、高さ5メートルあまりあるといいます。おごそかな雰囲気をただよわせる巨大な石を目に

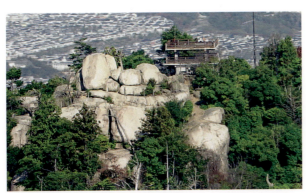
弥山の頂上には巨石が多数ある。

した、いにしえの人々は、神々しい力を感じたことでしょう。

弥山の頂上には、平安時代の修験者がひらいたという寺があります。人々が熱心に手をあわせるその先にあるのは、「きえずの火」とよばれる火です。その名のとおり、なんと1200年前の平安時代から一度も消えていないそうです。伝説によれば、火をおこしたのは弘法大師・空海です。宮島で修行をした際にたいた火だと伝えられています。

空海ゆかりの「きえずの火」（大聖院）。1200年間、一度も消えていないといわれている。

1996年、嚴島神社はユネスコの世界遺産（文化遺産）に登録されました。登録されたのは、嚴島神社の社殿群だけでなく、前面の海と背後の弥山の原始林もふくまれています。昔から、宮島は神の島として人々にあがめられていたため、土地をたがやしたり、木を切ったりすることは禁じられてきました。昔ながらの嚴島神社の社殿と自然が今も残されていることが、世界遺産として評価されたのです。

Episode.2 われに幸運を招きたまえ！ 清盛 祈願プロジェクト

およそ1400年前に創建されたという嚴島神社を、現在の豪華な社殿に建てかえたのは平清盛です。清盛といえば、当時、低い身分だった武士から、国のトップの太政大臣にまで異例の出世をはたした人物。そんな奇跡の出世の背景には、嚴島神社の修造と、そこにまつられていた、ある神様の存在があったといわれます。

平清盛
（宮内庁三の丸尚蔵館）

話は清盛が三十代のころにまでさかのぼります。当時、清盛は、安芸国（今の広島県西部）の管理をまかされてはいたものの、国の政治への参加がゆるされない低い役職についていました。「平家物語」によれば、そのころ、清盛の身に、ある不思議なことがおこります。

朝廷から高野山（和歌山県）の塔の修理を命じられた清盛は、6年もの歳月をかけて立派な塔を完成させます。修理がおわったあと、清盛のもとに、どこからともなくひとりの老人があらわれ、こうつげました。

「あなたさまゆかりの安芸国にある嚴島神社は、今はすたれているので、神社が栄えるようにお力ぞえくだされ。さすれば、たいへんご出世なされましょう」

老人が消えてしまうと、清盛は、はっとします。今の老人は、高野山をひらかれた弘法大師様ではないか……。

このお告げをきっかけにはじめたといわれるのが嚴島神社の大修造でした。目ざしたのは、だれも見たことがないような豪華絢爛な海のお社。そのときにつくられたのが、長さ約300メートル近い美しい廻廊です。日本一の規模といわれる巨大な本殿も、清盛が繁栄を願って設計を指揮したといわれています。

清盛は、金銀などで装飾されたお経「平家納経」を嚴島神社に供えて祈願しています。

廻廊

本殿

江戸時代の絵図「安芸国厳島勝景図并記事」(宮島歴史民俗資料館提供)。本殿の奥に観音(矢印)という建物があるのがわかる。

大聖院の御成門と観音堂。右は、嚴島神社の本地仏である木造十一面観音立像(広島県の重要文化財)。頭の上に11の小さな顔があり、あらゆる方向にいる人々の願いを聞きとどけてくれる慈悲深い仏といわれている。

神様にお経を供えたことになり、少し不思議な気がしますが、当時、神道の神様と仏教の仏様は、本来、おなじものだという考えかたが広まっていたのです。

清盛が嚴島神社を盛りたてていくと、不思議なことに、つぎつぎと幸運なできごとがおこるようになります。1167年、清盛が50歳のとき、国のトップである太政大臣に昇進します。さらに娘が時の天皇の妻となり、天皇と親戚関係になります。清盛をはじめとする平家一門は、朝廷の実権をにぎるまでに急成長しました。

しかし、そんな清盛にも大きな悩みがありました。それは、娘と天皇とのあいだに、6年たってもいっこうに子どもが生まれないこと。子どもが生まれれば、天皇の位につけ、平家一門の安泰がはかれると思っていたのです。

清盛がおこなったのが、京の都から遠くはなれた嚴島神社まで、毎月、参拝することでした。清盛は、300キロはなれた宮島まで、片道1週間の船旅をくりかえす決心をします。すると、わずか2か月後、娘が懐妊したとの知らせがとどきました。その子は、のちの安徳天皇です。安徳天皇が誕生したのは1178年、清盛が61歳のときでした。

清盛の願いをことごとくかなえ、平家の繁栄をささえた嚴島神社。奇跡の神社としての名声をますます高めていったのです。

1181年に清盛が亡くなると、まもなく平家は滅亡してしまいます。しかし、嚴島神社に厚い信仰をよせる人がたえることはありませんでした。清盛のライバル、源頼朝もそのひとり。頼朝は、奥州藤原氏との合戦の前に、嚴島神社に戦勝を祈願しています。のちに室町幕府をひらいた足利尊氏や、戦国乱世を統一した豊臣秀吉も嚴島神社を信仰しました。

山口県萩市の厳嶋神社。宮島の嚴島神社を勧請して、毛利元就の子孫が建てたという。このような神社が全国各地にある。

Episode.3 戦国一の大勝利は鹿と神様のおかげ…?!

宮島で見られる鹿。

毛利元就

　宮島では、いたるところで鹿にでくわします。神の島にすむ鹿としてたいせつにされてきました。宮島の鹿のおかげで、幸運をつかんだといわれる人物がいます。戦国大名の毛利元就です。鹿の伝説に秘められた、神社と元就のミステリアスな関係にせまります。

　平清盛の時代から400年後の戦国時代、宮島のある中国地方を制覇したのが毛利元就です。元就が生まれたとき、毛利家は、今の広島県北部の小さな土地をおさめる領主にしかすぎませんでした。しかし、毛利家はたいへん信仰心が厚く、地元の神である嚴島神社をあがめていました。

　元就が毛利家の当主になって16年後の1540年、元就が43歳のとき、未曾有の危機が毛利家をおそいます。隣の出雲国（今の島根県東部）の尼子氏が3万人の兵で元就の城に攻めてきたのです。元就の兵はわずか3000人。毛利家存亡の危機でした。そのとき、嚴島神社は、ふだんから信仰心の厚い元就のために、戦勝祈願をしてくれました。すると、尼子軍を撃退したという報告が元就のもとへとどい

たのです。嚴島神社のご加護にちがいないと思った元就は、土地を寄進するなど、神社への信仰をさらに深めていきました。

　その後、元就は、近隣の武将をつぎつぎと傘下におさめます。そして、安芸と備後のふたつの国（あわせて今の広島県）をおさめる大名へと成長していきました。

　そんなとき、ふたたび危機がおとずれました。それは、隣の国の戦国大名、大内氏の最高実力者、陶晴賢との対立です。陶がつかえる大内氏は、中国地方をはじめ、九州にまで影響力をもつ西国一の大大名です。まともに戦っては、とうてい歯が立ちません。どうすれば戦に勝てるだろうか──。悩んだすえに元就が思いついたのは、宮島の小高い山に城をきずいて陶をおびきよせる作戦です。大人数では動きがとりにくい島に敵の軍をさそいこめば、兵力ではおとっていても、万にひとつの勝機があると考えたのです。

　陶軍は、元就の宮尾城を攻めるため、8000人の兵で宮島に上陸してきました。それに対して、城に立てこもる毛利の兵はわずか数百人。毛利軍にきわめて不利な状況に見えます

が、これは元就の作戦でした。陶が城に気をとられているすきに、深夜、5000人の兵をつれて島の裏側の包ヶ浦から上陸し、ひそかに山をこえて背後から陶軍を奇襲する計画だったのです。

しかし、ここで問題がありました。毛利軍がこえなければいけないのは、原始林がおおう山です。けわしい山中を、深夜、あかりを消したまますすむのは困難でした。そのとき、1ぴきの鹿が元就の危機を救ったといわれています。江戸時代の記録によれば、山中をすすむ元就たちの目の前に、突然、鹿があらわれ、道案内をしてくれたとあります。

ところが、道案内をしたのは、じつは嚴島神社の神官だったのではないかという説が最近の研究からうかびあがってきました。当時の嚴島神社の神官が書き残した覚書に、博打尾という尾根をとおる秘密の山ごえルートが記されていたのです。

毛利軍はけわしい山をみごとにこえ、ついに陶軍の本陣がある五重塔を見おろせる場所までたどりつきます。

1555年、ある秋の日の早朝、毛利軍は、いっきに陶軍におそいかかりました。けわしい山からおそってくるとは思いもしなかった陶軍は、なすすべもなく敗北し、陶晴賢は自害へと追いこまれます。この嚴島の戦いで勝利したのをきっかけに、元就は、戦国大名として大きく成長していきました。

元就の死から29年後の1600年、天下をわけた関ヶ原の戦いがおこり、不運にも、毛利家がついた西軍はやぶれます。毛利家は嚴島神社があった安芸国をうばわれ、領土は今の山口県だけになってしまいました。

山口県萩市には、元就の子孫が建てた神社があります。その名も嚴嶋神社。元就の子孫たちは、遠くはなれた安芸国の嚴島神社への感謝の思いと祈りをけっしてわすれることはなかったのです。

もみじまんじゅう

宮島に関係したものといえば、広島みやげとして有名な「もみじまんじゅう」があります。明治時代に、宮島のもみじにちなんで生まれた菓子だといわれています。

それ行け！パワースポット
～世界遺産・熊野と女たち～

那智山原始林と那智の滝。那智の滝は那智原始林にある48の滝の総称で、一般に那智の滝として知られているのは、この写真に見える「一の滝」のこと。

Episode.1　神々の地　熊野への招待

　熊野は紀伊半島の南部にあたり、和歌山・三重・奈良の3県にまたがる広大な地域です。たくさんの山々がつらなり、由緒ある神社や樹齢1000年以上の大木、荘厳な滝など、神様が宿るとされる神秘にみちた場所がたくさんあります。平安時代以降、熊野をめぐる巡礼の旅、熊野詣が大人気となり、貴族や武士、庶民にいたるまで、多くの人々が熊野をおとずれてきました。

　熊野詣の旅は、京の都から徒歩で往復すると、およそ1か月もかかりました。とくに庶民にとっては、野宿をしたり、食べ物にも事欠いたりするような、たいへんな旅でした。
　旅人たちがまず目ざす聖地は、大斎原とよばれる場所です。江戸時代にかかれた絵では、大斎原は3つの川の合流点の大きな中州にあり、木々にかこまれた立派なお社がたちならんでいます。森のなかにこつぜんとあらわれるこの地は、まるで海にうかぶ仙人が住む島、蓬莱島のようだと考えられました。
　明治時代、大斎原は大洪水におそわれたため、お社は近くの山の高台にうつされます。それが現在の熊野本宮

大斎原

熊野

■ 解説

　熊野は、和歌山県南部から三重県南部にかけた地域。熊野本宮大社、熊野速玉大社、熊野那智大社などからなる熊野三山があり、古くから熊野参詣がさかん。熊野三山をふくむ寺社とその巡礼の道は、吉野・大峰や高野山の社寺、それらをつなぐ参詣道とともに、2004年、「紀伊山地の霊場と参詣道」としてユネスコの世界遺産（文化遺産）に登録された。日本古来の神道と渡来の仏教が融合した宗教観をもとにかたちづくられた独自の文化財などが評価されている。

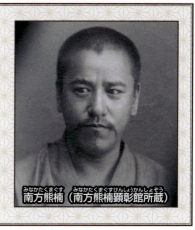

南方熊楠（南方熊楠顕彰館所蔵）

2018年に創建2050年をむかえる熊野本宮大社の本殿。建物は、大斎原からそのまま移築されている。

大社です。もともとの名前は熊野坐神社。熊野の神様がここに座っていらっしゃるお社という意味です。

　こんな話が伝わっています。

　昔、ひとりの猟師が川の中州の森に迷いこんでしまいました。すると、3つの月がおりてきて、まんなかの月がこういったのです。

「わたしはスサノオの神である。両側にいるのはイザナギとイザナミである。この地に社をつくってまつれ」

　こうしてお社がつくられたのだといいます。

　熊野本宮大社に参拝したあとは、船で熊野川をくだるのが定番でした。昔はおよそ5時間かけて、熊野川の河口へとむかいました。

　河口付近にある神倉神社では、石段の上に、日本の国のルーツに関係する御神体がありま

す。ゴトビキ岩とよばれる御神体です。ゴトビキとは、地元の言葉でヒキガエルという意味です。「日本書紀」には、日本の誕生にまつわるこんな伝説が残されています。

　日本を統一するために船でやってきた神武天皇は、熊野に上陸すると、まずこの岩にのぼり、あたりを見まわしました。そして、熊野から奈良県の大和地方にはいり、そこに都をきずいて、日本の初代天皇として即位したといいます。それ以来、ゴトビキ岩は、日本の国づくり発祥の地として信仰を集めるようになったのです。

　ゴトビキ岩からは太平洋の海岸ぞいを歩き、つぎの目的地へとむかいます。旅の最後をかざるのは、那智の滝です。落差133メートル、一段の滝としては日本一の落差をほこる滝です。古来より、この滝そのものが神様だと考えられてきました。

　はるか天上よりふりそそぐかのような那智の滝。いにしえの人々は、自然への深い畏敬の念から、そこに神の姿を見るようになったのではないでしょうか。

那智の滝

Episode.2 お供は私よ！ 熊野 女の戦い

京都の町なかに、熊野ゆかりの神社があります。その名も新熊野神社。平安時代末期につくられた神社です。創建された当時のままの姿をとどめているという本殿は、熊野本宮大社をまねたつくりになっています。使われている木材も、熊野からわざわざとりよせたものです。なぜ、この神社が熊野から遠くはなれた京都の地につくられたのか。そこには、熊野を愛してやまなかった、ひとりの女性の悲しい人生の物語がありました。

白河上皇の熊野詣のようす。【イメージ画像】

「紀伊国名所図会」（大阪府立中之島図書館所蔵）。熊野詣のようすがえがかれている。

新熊野神社（京都市東山区）の本殿。左は境内にある樹齢900年の樟（楠）。熊野からもってきた苗木が生長したもの。この木にしがみつくと健康になるといわれている。

1105年、時の権力者、白河上皇のもとに、ひとりの女の子が養女としてやってきます。名前は璋子（のちの待賢門院）。53歳の白河上皇は、孫ほど年のはなれた5歳の璋子をことのほかかわいがったといいます。璋子は、上皇のあふれる愛情をうけながら、美しい女性へとそだっていきました。

璋子が17歳のとき、白河上皇につれられて、はじめての熊野詣に旅立ちました。都を遠くはなれ、熊野の深い山のなかへわけいる巡礼の旅は、璋子にとっては、おどろきにみちた旅だったことでしょう。

上皇の熊野詣は、総勢800人以上の大行列。みずからの権力を天下に知らしめる、大きな政治的な意味をもっていたといわれています。おおぜいの人々をしたがえて、上皇や璋子たちお供の女性は、悠然と輿に乗ったまま旅をします。上皇の熊野詣は、宮廷の女性たちにとってはあこがれの大イベントでした。

はじめての熊野詣からもどって1か月後、白河上皇の後ろ盾で、璋子は時の天皇、鳥羽天皇（のちの鳥羽上皇）と結婚します。そして、その後も、璋子は、夫とともに毎年のように白河上皇の熊野詣のお供に選ばれました。

このうえない名誉を享受していた璋子でしたが、29歳のとき、白河上皇が亡くなります。

白河上皇の死後も、璋子は鳥羽上皇の妃として熊野詣をくりかえしました。しかし、1134年、璋子が34歳のとき、鳥羽上皇の前に、得子（のちの美福門院）という女性があらわれます。得子は18歳で、身分の低い貴族の娘でしたが、32歳の鳥羽上皇は若い得子を溺愛します。得子のもとにいりびたり、公務もままならない状態となった上皇を、璋子はどのような思いで見つめていたのでしょうか。

璋子の不安は、やがて的中します。1139年、璋子が39歳のとき、得子が男の子を出産し、その子が皇太子となったのです。翌年の鳥羽上皇の熊野詣には、得子がお供をすることになりました。宮廷のトップとして大人気だった璋子の突然の失脚に、都では衝撃が走りました。

そして、得子が熊野詣からもどってきた翌年、事件がおこります。璋子の身内の者がつぎつぎにとらえられたのです。容疑は「呪詛」。鳥羽上皇の寵愛を一身にうける得子を呪う儀式をおこなったというものでした。

宮中での立場をうしなった璋子は、とうとう出家へと追いこまれます。1142年12月、はなやかな宮廷生活を追われた璋子は、熊野へと旅立ちます。それは、上皇のお供をしたにぎやかな行列とはちがい、わずかなお供をつれただけのささやかな旅。これが璋子の最後の熊野詣となりました。3年後の1145年、璋子は45年の生涯をとじたのです。

璋子の四男が後白河天皇として即位したのは、璋子の死の10年後になります。後白河天皇は、のちに上皇となると、かつて母が愛した熊野から木や石を京都にとりよせて、熊野のお社とそっくりの神社をつくりました。それが新熊野神社です。境内の樟（楠）は、熊野から苗木をとりよせた後白河上皇がみずからの手で植えたものだといわれています。

後白河天皇

熊野古道のお地蔵様

熊野詣の道、熊野古道のかたわらには、ところどころに小さなお地蔵様がまつられています。それは、旅のとちゅうでいきだおれになった巡礼者を供養するためにつくられたものです。

熊野古道で目にするお地蔵様。

Episode.3 熊野の森を守れ！ 夫婦の奮闘と絆

　時は流れ、明治時代、熊野の美しい森に危機がおとずれます。神々の住む森の木がつぎつぎと伐採され、姿を消していったのです。そんなとき、熊野の森を守るために、ひと組の夫婦が立ちあがりました。熊野一の変わり者といわれた学者とその妻の奮闘と絆の物語を紹介します。

　和歌山県田辺市にある闘雞神社は、1600年もの長い歴史をもつという、由緒ある熊野の神社です。1906年、この闘雞神社の神官の娘、松枝に縁談がまいこみました。相手は、アメリカやイギリスで活躍した学者の南方熊楠でした。

24歳ごろの南方熊楠
（南方熊楠顕彰館〈田辺〉所蔵）

闘雞神社（和歌山県田辺市）

　熊楠は、民俗学をはじめ、幅広い分野の学問を手がけていましたが、そのころ、力をいれていたのは生物の研究でした。熊野の山にわけいっては、小さな生き物や植物を採集し、研究する日々でした。松枝にとって、熊楠との生活はとまどうことばかりだったといいます。松枝が庭で落ち葉をかたづけていると、熊楠は、落ち葉のなかに小さな生き物がいるから、そのままにしておけというのです。家の掃除すらままなりませんでした。

　ある日、ふたりは、熊野の森が思わぬ事態におちいっているのを知ります。樹木がつぎつぎと切られはじめていたのです。背景には、明治政府が推進した神社合祀政策がありました。全国の神社を整理統合し、原則として一町村にひとつにせよというものです。熊野にあった多くの神社もとりこわされ、それをとりまく鎮守の森の木までもが、必要ないものとして伐採されていきました。

　森林の破壊は、熊楠夫婦が暮らす地域にもおよびます。1909年、熊楠は地元の新聞への投書を皮切りに、反対運動をはじめました。「神社の森にはたくさんの貴重な生物がいる。その樹木を強引に濫伐するのはゆるせない」

　さらに、熊楠は、村人たちの説得に乗りだします。熊楠の話を聞いた村人たちは、熊野の森がいかに貴重なものであるかということにはじめて気づきます。妻の松枝は、得意の裁縫で家計をささえ、運動に没頭する熊楠を陰ながら助けました。しかし、そんなふたりの努力もむなしく、神社と森の破壊はいっこ

反対運動をはじめた熊楠の記事がのった「牟婁新報」（1909年9月27日／南方熊楠顕彰館〈田辺市〉所蔵）。

うにおさまりませんでした。

　翌年、業を煮やした熊楠は、神社合祀推進派の講演会場に乱入し、もっていた荷物を投げつけます。熊楠は逮捕され、この事件は地元の新聞に大きくとりあげられました。すると、熊楠の主張に心を動かされた村人たちが警察署や役場におしかけ、熊楠の逮捕に抗議したのです。逮捕から18日後、熊楠は釈放されました。

　けれども、神社合祀の流れはとまらず、和歌山県で5800社あまりあった神社は、わずか6年で10分の1にまでへってしまいました。

　それでも、熊楠は、ねばり強く運動をつづけたのです。

　熊楠の運動の結果、守られた神社と森がいくつもあります。熊野古道にある継桜王子社の野中の一方杉、高原熊野神社の樹齢800年の大楠をはじめ、貴重な鎮守の森が保護されました。そして、一部で伐採計画がすすんでいた那智の原始林も、熊楠の反対運動の結果、伐採をまぬかれたのです。

　その後、熊楠は研究生活にもどり、熊野の森で採集した生物から数々の発見をしていきます。やがて熊楠は、世界的な業績をあげた学者として、一般にも知られるようになります。妻の松枝は、生涯にわたって熊楠をささえつづけました。晩年、足が弱った熊楠にかわり、松枝が生き物の採集をつづけました。

　熊楠は、みずからの研究生活をこうふりかえっています。

　「妻が小生のために菌類を採集し、発見するところ多し。本邦（わが国）で婦人の植物発見のもっとも多きはこの者ならん」

　熊楠は、1941年に74歳で亡くなりました。

はじめて使われた「エコロジー」

　松枝は、熊楠が残した標本や原稿などもすべて保管していました。熊野の森のたいせつさをうったえた原稿には「エコロギー（エコロジー）」という言葉が記されています。現在の自然保護運動にもつうじるこの言葉を、日本ではじめて使ったのは、一説に熊楠だともいわれています。

熊楠の標本と原稿（南方熊楠顕彰館〈田辺市〉所蔵）

せめて、キモチいい部屋をつくろう
～金閣と銀閣　美を愛した将軍たち～

四季折々に美しくかがやいた姿を見せる金閣寺（京都市北区）の舎利殿。

 **Episode.1　切り札は金閣！　最強将軍の秘策**

　金閣寺と銀閣寺は、ともに世界遺産で、京都屈指の観光スポットです。みんなが知ってるようで知らない、金閣寺と銀閣寺の誕生物語を紹介します。

　金閣寺があるのは京都市北西部の北山。ゆたかな水と緑にかこまれた景勝の地です。今からおよそ600年前、足利義満がそこに北山山荘とよばれる別荘をきずきました。その中心的な建物が金閣（舎利殿）です。

　1368年、足利義満は、11歳で室町幕府の3代将軍になりました。祖父、尊氏が室町幕府をひらいてから、まだ30年あまり。不安定な社会情勢をどうおさめるかが大きな課題でした。そもそも室町幕府は、地方の大名たちとの連合政権のようなものでした。幕府は、全国に守護を派遣して、各地をおさめていましたが、時がたつにつれ、守護たちのあいだで独立や反乱の機運が高まります。義満は、守護同士を争わせて弱体化させるなど、たくみにコントロールしていきました。

　義満が40歳のときに建設を開始したのが北山山荘です。完成までに現在の価値で1000億円かかるといわれた大工事でした。なぜ、急にそんなことをはじめたのでしょう。

　当時、急速な商業の発展とともに、貨幣経

冬の金閣寺。雪化粧のよそおいも人を引きつける。

金閣寺・銀閣寺

■解説

　金閣寺は京都市にある寺。正式名は鹿苑寺。境内に黄金の舎利殿「金閣」があることから、金閣寺の名でよばれるようになった。この金閣は、1397年、室町幕府3代将軍の足利義満が山荘として建設をはじめたもの。

　銀閣寺も京都市にある寺。正式名は慈照寺。「銀閣」は慈照寺にある観音殿の通称。この銀閣は、1482年、義満の孫、室町幕府8代将軍の足利義政が山荘として建設をはじめたもの。1994年、金閣寺と銀閣寺は、「古都京都の文化財」の一部として、ユネスコの世界遺産（文化遺産）に登録された。

足利義満
足利義政

済がすすみつつありました。しかし、日本では貨幣はつくられておらず、おもに中国の銅銭が流通していました。そんななか、義満に好機がおとずれます。

　中国で、元をたおした明の王朝が、周辺諸国と新たに国交を結びはじめ、国交を結んだ相手には、ばく大な量の銅銭をあたえるというのです。明と結んで銅銭を得れば、日本の経済を支配できると思った義満は、何度も明に使いをだします。しかし、義満の実力をうたがう明からは、なかなかみとめてもらえません。みずからの力を明に見せつけるには、どうすればよいのか。そのこたえが金閣だったのです。

　義満は、金閣の完成にあわせて、明の使節をまねきました。黄金の建物は中国でもまれなもの。金閣は、黄金の国、ジパングの支配者の威信をかけた迎賓館でもあったのです。

　ついに明の皇帝は、義満に「日本国王」の称号をおくり、国交の相手としてみとめました。そして、義満は、ばく大な量の銅銭を獲得することに成功したのです。

　金閣によって経済を支配した義満は、文化の世界にも君臨しようとします。かつて、金閣のそばには、天鏡閣という建物がありました。そこはおおぜいの人々が集まるための会所です。義満が会所をつくったわけは、自慢の美術コレクションだった唐物、つまり、貿易によって手にいれた中国の美術品を人々に見せるためでした。

　義満は、一級の唐物を集めて会所にならべ、後小松天皇をまねいたのです。当時、天皇こそが貴族的な文化の頂点に君臨する存在でした。義満がきずいた美の世界は天皇を圧倒します。そして、義満は、これらのコレクションを天皇に献上したのです。

　金閣を舞台にして明と国交を結び、唐物を軸とした文化をつくりだして支配を完成させようとした義満。金閣は、義満のまったく新しい政治を象徴する場だったのです。

秋の金閣寺。紅葉のなかに舎利殿の金色がはえる。

Episode.2 将軍はつらいよ　義政・銀閣への道

木々にかこまれた慈照寺。左上の建物が「銀閣」とよばれる観音殿。

等持院に伝わる足利義政の像。

京都の東、緑の屏風のように広がる東山。その山ふところにいだかれるようにして銀閣寺はあります。足利義政によって1482年から建てられた東山山荘が、義政の遺言により死後、寺となって今にいたります。国宝に指定されている銀閣は、正式には観音殿といい、創建当初より残る建物です。つらい人生にたえながら銀閣を夢見た、もうひとりの将軍の物語を紹介しましょう。

足利義政は、1449年、14歳で室町幕府の8代将軍になります。将軍だった兄が急死したために、次男だった義政に将軍の座がころがりこんできたのです。義政がこのんだのは和歌や蹴鞠だったといい、武家の棟梁である将軍には、およそ似つかわしくありませんでした。それでも、義政は、けんめいに将軍職をまっとうしようとします。

当時、すでに足利将軍家の威光はおとろえ、財政はひっぱくしていました。義政が幕府を立てなおそうと編みだした方策は、なんと京都のお寺まいり。相国寺、建仁寺、南禅寺などの禅寺に、4日に一度はおまいりしたのです。しかし、それは仏の慈悲にすがるためではありませんでした。

当時、将軍の御成（高貴な人が外出・到着すること）をうけた寺院は、引き出物を贈呈するならわしでした。高価な紙、絵画やお盆などの唐物、そして着物など、現在の価値で100万円から1000万円に相当する品々を、御成のたびに義政はうけとることができました。義政は、それらをただちに別の寺にあたえました。当時、寺院の補修をすることは、将軍のだいじな仕事だと考えられていて、義政は、うけとった品々を右から左へと流すことによって、将軍のつとめをはたしていたのです。

臨済宗相国寺派の大本山である相国寺。金閣寺・銀閣寺の本山でもある。

幕府の財政立てなおしのために義政がおとずれた京都の寺院。上は建仁寺の法堂。右は南禅寺の本坊大玄関。

しかし、それだけで幕府を立てなおすことはできません。義政は、偉大な祖父、義満にならって遣明船を派遣し、明から銅銭を得ようとします。ところが、結果はさんざんでした。明は、すでに銅銭をくばることをしていなかったのです。結局、義政は、義満がきずいた美術コレクションを手ばなすことにします。家宝である美術品を切り売りし、幕府の公的行事の費用にあてました。じょじょにうしなわれていく将軍家の栄光のあかし。義政にとって苦渋の選択でした。

そんな義政をなぐさめたのが、おりにふれておとずれたという金閣でした。ある秋の日、義政の胸にあふれた感動を側近が記録しています。それは、金のかがやきに対してではなく、金閣をとりかこむ自然への感動でした。つつみこむ山々、錦のように美しい楓。苦悩する将軍は、時がすぎるのもわすれ、そこで談笑をつづけたと記されています。

義政の自然への思いは、ある絵との出合いによってさらに強まっていきます。当時の人々のあこがれをえがいた水墨画です。都の喧噪をはなれ、山水にいだかれる隠遁生活こそが理想とされていたのです。

ところが、義政は、とんでもない事態をひきおこしてしまいます。1467年、32歳のとき、応仁の乱（応仁・文明の乱）が勃発しました。全国の守護大名が東西にわかれ、11年にわたって戦いつづけるという、かつてない大規模な戦乱です。きっかけは義政の失政でした。義政は、将軍として、ある大名家の家督争いの仲裁をおこないますが、その決定を二転三転させたため、武力衝突に発展。ほかの大名もくわわって、大混乱におちいってしまったのです。京都の町なかで28万人もの軍勢が激突し、ほとんどの寺が焼けるなど、文字どおり、町は灰と化してしまいました。

結局、戦乱のさなか、義政はわずか9歳の息子に将軍職をゆずり、政治を放棄してしまいます。そして、両軍ともに疲れはてるようなかたちで戦乱が終結した4年後、46歳の義政はだれにもつげず、家出してしまいました。その後、あこがれの隠遁生活にむけて、銀閣の建設に着手するのです。

義政が隠遁生活をのぞんだ背景には、じつはもうひとつ、妻の存在があったともいわれています。義政の妻、日野富子は、日本を代表する悪女のひとりともいわれる強い女性で、義政と富子はすでに不仲になっていたようです。

義政の妻、日野富子の像（宝鏡寺蔵）。富子の晩年の姿をあらわしたとされる。

Episode.3 銀閣建立　義政 男の隠れ家

国宝の「東求堂」。義政は、書斎である同仁斎に美術コレクションをかざりつけ、プライベートな空間を楽しんだ。

　市街地に背をむけるようにしてたたずむ東山の地。ここを隠遁生活の場と定めた足利義政は、理想の山荘づくりにまい進します。それはまさに「男の隠れ家」でした。建物のレイアウトはもちろん、ひとつひとつの材料の吟味、庭の石のおき方まで、こまやかに指示をだしていきます。そのはりきるようすは、以前の将軍時代とは別人のようでした。亡くなるまでの8年間、義政は山荘づくりに精魂をかたむけました。

　創建時の建物として国宝に指定されている東求堂は、義政がもっともくつろいだといわれるプライベートな空間です。信仰する阿弥陀仏をまつる部屋のかたわらに、義政は、あこがれの書斎をしつらえました。それは同仁斎とよばれる部屋で、日本最古の四畳半の間といわれます。板張りの床が主流だった時代に、畳をしきつめ、ゆったりと時間をすごせるようにしました。

　そして、義政は、部屋の細部にまで美意識をつらぬき、つくりつけの家具までもうけました。この書斎に、義満からうけついだ美術コレクションをかざりつけます。多くは売りはらってしまいましたが、なんとか手元に残ったかけがえのない品々。それらをどのようにならべたら心地よく感じられるかを追求しました。義政の"気持ちいい"と"いとおしい"という思いが、この小さな空間にみちあふれているのです。

　都のわずらわしさからはなれ、ようやく実現できた隠遁生活。みごとな義政流セカンドライフです。

　東山山荘で、義政が最後に着手したのが銀閣の建立です。書院造りの1階は心空殿。そこは坐禅を組むための場所だったといわれます。花頭窓をもつ2階は潮音閣。内部には観音像が鎮座します。銀閣は観音殿としてつくられました。義政は、ここで心の平安を求め

国宝の「銀閣」。1階は心空殿で、2階は潮音閣。2階の特徴的な形の窓は「花頭窓」とよばれる。

ようとしたのでしょうか。

しかし、義政は、完成した銀閣を見ることはありませんでした。完成を心待ちにしていた義政でしたが、願いはかなわず、1490年1月にこの世を去りました。享年55でした。

ところで、銀閣といいながら、銀色でないことを不思議に思われませんか？

じつは、それが銀閣最大の謎です。そもそも、どういう色をしていたのか、同時代の記録がなく、ずっとわかっていませんでした。それをとくかぎとなったのが、2007年から3年間かけておこなわれた銀閣の修復工事です。1914年以来、およそ100年ぶりの大工事では、修復とともに外壁の調査もおこなわれました。その結果、ある仮説がうかびあがってきました。なんと、創建当初の銀閣の外観は漆黒だったというのです。黒漆の外壁でおおわれた建物は前例がないといいます。漆は紫外線に弱く、外気にさらしておくと、30年から50年で劣化してしまうためです。

長い年月のあいだに枯れはて、枯淡の美をたたえるようになった銀閣。銀閣という名は、金閣と甲乙つけがたい美しさをもつ建物だという称賛の念から、いつしか人々がそういいならわすようになったのかもしれません。

天下人にうけつがれた名品

足利義政が手元に残しておいた美術コレクションは、のちに"東山御物"とよばれ、美術の世界のなかで、もっとも価値あるもののひとつとして、後世にうけつがれていきました。

なかでもきわめつきは、唐物茄子茶入「付藻茄子」。賀茂なすのような丸くかわいらしい茶入です。高さは7センチほど。この小さな器は、義政から織田信長、豊臣秀吉、さらには徳川家康へと伝わり、天下の名品と称されるようになりました。

唐物茄子茶入「付藻茄子」(つくも茄子・松永茄子／静嘉堂文庫美術館所蔵)。
静嘉堂文庫美術館イメージアーカイブ／DNPartcom

富士山に魅せられて
～日本一の名峰を巡る人々の物語～

夏の登山シーズンには、富士登山を楽しむ人が多くおとずれる。

Episode.1 高山たつ　富士山に立つ

　世界文化遺産の名峰、富士山——。そこには、いにしえより数々の人間ドラマがありました。古くから女人禁制だった富士山の登頂にいどんだ女性。室町時代に富士遊覧で日本の歴史をかえた将軍。幕末に外国人としてはじめて富士山にのぼったイギリス公使。富士山と出合い、人生がかわった3人の物語を紹介します。

　日本人は、古くから富士山を神聖なものと考え、信仰の対象としてきました。富士信仰が大ブームとなったのが江戸時代。頂上にのぼることでご利益があると信じられていました。ところが、女性は、月経による出血でけがれていると考えられていたため、頂上にのぼることが禁じられていたのです。

　しかし、このタブーにいどむ女性があらわれます。名前はたつ。たつは、宗教家の小谷三志の影響をうけて、富士山登頂を目ざすようになったといいます。三志は、女性に月経があるからこそ、自分たちはこの世に生まれるのだと、女性のけがれを否定していました。

　登山者はみんな、富士山のふもとにある"御師"とよばれる神職の家で祈祷してもらい、身を清めなければ、富士山にのぼることはできませんでした。1832年、たつと三志は、周到な計画を立て、まずはこの御師の協力を

富士山諸人参詣之図（ふじさんミュージアム）。富士山頂上付近がえがかれているが、女性はひとりもいない。

富士山

■解説

静岡県と山梨県にまたがる活火山で、標高3776メートルの日本一高い山。火口の直径は800メートル。1707年の大噴火で中腹に宝永山ができた。古くから神聖な存在として信仰の対象とされ、山頂には浅間神社がある。円錐状の美しい姿をもち、絵画や文学などにも大きな影響をあたえてきた。2013年、「富士山─信仰の対象と芸術の源泉」の名のもとに、山頂の信仰遺跡群や富士五湖などがユネスコの世界遺産（文化遺産）に登録された。

富士山をえがいた「凱風快晴」
（部分／葛飾北斎「富嶽三十六景」より）

御師の家である旧外川家住宅（ふじさんミュージアム）。

とりつけようとします。女性の登山者がふえれば、収入の増加につながることもあり、御師たちは計画をうけいれました。さらに、たつは髪を切ります。前髪から頭頂部の毛まで剃り落としてまげをゆい、男の姿になりました。そして、登山シーズンがおわり、人に出会う可能性の低い9月下旬にのぼることにしたのです。

9月26日、たつたちは、富士山登頂にいどみます。今の暦でいえば10月下旬。山頂の平均気温は氷点下10度という寒さ。どてらとよばれる綿入れを着て、寒さをしのぎます。朝からのぼりはじめた一行は、夜に5合目にたどりつき、そこで1泊しました。

翌日、朝から頂上を目ざしますが、6合目にさしかかると、突然、夏のような日ざしが照りつけはじめました。一行は、これから暑くなって綿入れがじゃまになるだろうと判断し、その場において道をいそぎました。

ところが、天候は一変します。9合目付近までくると、寒さがきびしくなり、強風が一行をおそいます。富士登山のベテランである荷物持ちが下山すべきだとうったえると、たつはこういったのです。

「わたしは命をうしなうことになろうとも、頂上にのぼり、女の開山になりとうございます」

なんとしても頂上にのぼり、女性の富士山登頂の道を切りひらくのだとうったえました。一行は、ふたたび頂上を目ざし、夕刻、ついに富士の頂にたどりつきました。眼下に広がるのは、これまで女性がけっして見ることができなかった光景。たつが女性として、はじめて富士山登頂をなしとげた瞬間でした。

たつの登頂から4年後、富士山の中腹に、女性が頂上をおがむための専用の場所がつくられます。そして、1872年、富士山の女人禁制は、明治新政府によってとかれました。たつの登頂から40年後のことでした。

富士山遥拝所女人天上。女性が富士山をおがむための専用の場所。1836年にもうけられた。

Episode.2 くじ引き将軍　富士に行く

　応永35（1428）年1月、室町幕府は危機にひんしていました。政権をになっていた足利義持が、跡つぎを決めぬまま、死の床にふせっていたのです。早く跡つぎを定めなければお家騒動になる。そこで、幕府は、くじ引きでつぎの将軍を選ぶことにしました。

　1月18日、足利義持がこの世を去ると、すぐに将軍を決めるくじが引かれました。そこに書かれていたのは「青蓮院殿」。それは、京都市の東山にある青蓮院で修行していた足利義教のことでした。亡くなった義持のすぐ下の弟です。義教は、10歳から仏門にはいって、二十代後半に天台宗のトップとなり、政治とは無縁の人生を送っていました。将軍就任の話は、義教にとって、まさに寝耳に水のできごとでした。

足利義教

　その知らせを聞いておどろいたのは義教だけではありません。おどろいたばかりか、激怒さえした人物がいます。室町幕府の実力者、足利持氏です。持氏は、鎌倉公方として武士の都、鎌倉を中心に東国を支配していて、足利氏のなかでも名門の血筋でした。

　持氏は、みずから大軍をひきいて、義教のいる京の都にのぼろうとします。結局、これは実現しなかったものの、義教はふるえあがります。さらに10月になると、朝廷では、持氏を将軍に任じようという動きがではじめました。それでも、翌年の3月、義教は、持氏の抵抗をふりきり、6代将軍に任ぜられます。しかし、持氏の反発はますますエスカレートし、反逆の意思を鮮明にしていきました。このままでは、義教と持氏の全面対決はさけられない情勢でした。

　1432年、義教は、このせっぱつまった状況で、突拍子もない行動にでます。なんと、富士山を見物しにいこうといいだしたのです。重臣たちは、何をのんきなことをとおどろきました。しかし、これには義教のしたたかな思惑がありました。鎌倉から目と鼻の先の富士山にみずからでむいていくことで、将軍の力を見せつけ、周辺の大名を自分になびかせようとしたのです。

　その年の9月10日、義教は、大軍勢を引きつれて京都を出発。行列は20キロにもおよんだといわれます。義教は、多くの公家も同行させ、いたるところで歌会をひらいて、自分をたたえる歌をよませました。朝廷と強いつながりがあることを持氏にアピールしたのです。

　9月15日、今の静岡県湖西市にある潮見坂で、義教は、はじめて富士山を見ます。その3日後、鎌倉にだいぶ近づいた駿河国（今の静岡県中部）で、富士見の大宴会をもよおしました。接待したのは駿河国の守護大名です。

さまざまな姿を見せる富士山

三保の松原と富士山

雲海と富士山

菜の花と富士山

夕日をあびる富士山（赤富士）

精進湖と富士山（逆さ富士）

月と富士山（ダブルパール富士）

わざわざ義教のために、富士山がよく見える場所に屋敷を新築する歓待ぶりでした。諸国から、有力な守護大名たちもかけつけ、はなやかな宴となります。義教は、将軍としての権勢を見せつけたのです。

その日、義教は、夜どおし富士山を見つづけます。朝になると、富士山に綿帽子のような雲がかかりました。義教は、みずからも綿帽子をかぶって、歌をよみます。

「我ならず　今朝は駿河の　富士の嶺に
　綿帽子とも　なれる雲かな」

富士山もわたしも、綿帽子をかぶっている。義教は、みずからを日本一の富士山にかさね、自分こそが最高権力者であるという自信を深めたのかもしれません。

この富士遊覧のあと、持氏のいきおいは弱まっていきます。東国で3か国もの守護をつとめる上杉氏が持氏を見かぎり、義教との関係を深めたことで、義教側の勢力は持氏を圧倒するようになりました。

1438年、義教は、ついに持氏討伐の兵をおこし、持氏方を攻めほろぼします。足利持氏は自害。義教が富士山を見てから6年後のことでした。くじ引きで選ばれた将軍、足利義教。富士遊覧という奇想天外な戦略で、みごとに宿敵をたおしたのです。

将軍の実力を見せつける義教

Episode.3 日本を救った富士登山

　1853年、アメリカ海軍のペリーひきいる黒船が神奈川県の浦賀沖に来航します。翌年、日本は開国し、200年以上つづいた、いわゆる鎖国がおわりをつげます。

　開国から5年後、当時、世界一の大国だったイギリスから、外交官のラザフォード・オールコックが公使として日本にやってきました。オールコックにとって、日本は文明国とよべるものではなかったといいます。当時、外国人を武力で追いだそうという攘夷の思想が日本中にふきあれ、過激な武士たちは、オールコックを刀で威嚇までしてきました。そんなオールコックの心のいやしとなったのは、本国イギリスから、ともに旅をしてきた愛犬トビーでした。

ラザフォード・オールコック

　イギリス公使としてのオールコックの使命は、結んだばかりの日英修好通商条約を日本に守らせることでした。オールコックは、条約に記された、外交官および総領事は日本のどこへでも自由に旅行ができるという条項をたしかめることにします。その旅行先に選んだのが日本の聖地、富士山でした。日本人にとって、外国人に足をふみいれられたくないであろう場所をあえて選んだのです。これに幕府はあわてました。攘夷派が息まくご時世に、外国人が富士山にのぼれば大問題になると考え、必死でオールコックをとめようとしますが、オールコックは条約を盾に強行します。

　1860年7月、オールコックの富士山への旅がはじまります。もちろん、愛犬のトビーもいっしょです。メンバーは、オールコックとイギリス人の部下8人。そこに幕府の護衛がつき、100人の大部隊になりました。この道中で、オールコックは、それまで出会った日本人の野蛮さとはちがう別の一面に気づきます。

　オールコックは、茶屋の縁台のはしにすわるまずしい身なりの旅人を見かけます。お金がないためか、何も注文しないままでした。すると、茶屋の娘が旅人に水をさしだしたのです。オールコックは感心し、のちに回想録にこう記しました。

「日本人には、まずしい者にもわけへだてなく親切にする心づかいがある」

　出発から7日目、オールコックたちは富士山のふもとに到着します。登山経験のあったオールコックでしたが、富士登山は、想像していたよりもずっときびしいものでした。標高が3000メートルをこえると、空気はかなりうすくなり、呼吸もしにくくなります。さらに行く手をはばむ急な斜面。当初、イギリス人と日本人がそれぞれかたまり、別々にのぼっていた隊列も、そのうち、まざりあっていました。そして、ついに富士山の頂上に到達

左は富士の宮口の5合目にあるラザフォード・オールコックのレリーフ。右は愛犬トビーの墓（静岡県熱海市）。

します。苦しい登山をおえたオールコックと日本人のあいだには、いつしか不思議な連帯感が生まれていたのです。

　ところが、帰るとちゅう、事件がおこります。愛犬トビーが、地上にふきあげる温泉、間欠泉の事故で死んでしまったのです。オールコックは悲しみにくれます。そのとき、日本人がとった行動は思わぬものでした。オールコックのもとで働いていた者や宿屋の主人など、多くの人たちがトビーの死をいたみ、わざわざ僧侶をよんで、手あつくとむらってくれたのです。埋葬のときには、トビーが大好きだった豆をいっしょにいれる気づかいまで見せてくれました。

　富士登山の翌年の5月28日、日本とイギリスのあいだで大事件が勃発します。攘夷派の武士たちが、オールコックのいるイギリス公使館をおそったのです。東洋の小さな島国の武士が、世界に冠たる大英帝国の公使館を襲撃するとは──。イギリス本国では、日本へのはげしい批判がまきおこります。

　しかし、このとき、日本をかばったのは、ほかならぬオールコックでした。

　「この国は、大海にこぎだしたばかりの船のよう。必死に舵をとっている者を怒りにまかせた非難によって、どうか混乱させないでやってほしい」

　オールコックの擁護によって、イギリス本国のはげしい非難はしずまっていきます。野蛮な民族だと思っていた日本人の根底には、素直に人を思いやるやさしい心がある。オールコックにとって、富士山への旅は、日本人を見なおす貴重な旅となったのです。

富士とよばれる山々

蝦夷富士（北海道／羊蹄山）　薩摩富士（鹿児島県／開聞岳）　日光富士（栃木県／男体山）
伯耆富士（鳥取県／大山）　知床富士（北海道／羅臼岳）　タコマ富士（アメリカ／レーニア山）

姫路城 美と強運の400年物語
〜巨大迷路の秘密を探る旅〜

2015年3月に平成の大修理がおわり、青空に白さがきわだつ姫路城（兵庫県姫路市）。

Episode.1　美と戦いの迷宮へようこそ

　まるで白鷺がはばたくような姿で、別名「白鷺城」とよばれる姫路城。兵庫県姫路市の丘に建つ美しいこの城は、城下町である姫路のシンボルです。ところが、城のなかに足をふみいれれば、そこは、待ちぶせや、はさみうちをするためのわなが張りめぐらされた要塞なのです。
　菱の門とよばれる門は、三の丸から二の丸にいたる唯一の入り口。そこから内側が城の中心部になります。この門からは、天守閣がすぐ近くに見えますが、天守にむかう道は複雑にまがりくねっていて、なかなかたどりつけないようになっています。
　天守にいくまでには、いくつもの門があり、敵は門をひとつひとつやぶりながらすすまなければなりません。しかし、そのとちゅう、城を守る兵士がかくれる場所があり、門をや

ぶろうとしている敵の背後から、はさみうちにできます。また、道ぞいの白壁には、「狭間」とよばれる小さな穴がいくつもあいています。城全体でおよそ1000か所あるその穴から、鉄砲や矢で敵をねらうことができるのです。
　城の門は、天守に近づくにしたがって、だんだん小さくなっています。敵は、門をとおるたびにいきおいがそがれるばかりか、ある

姫路城

■ 解説

　兵庫県姫路市にある城。白壁の美しい外観から、別名、白鷺城とよばれる。1346年、赤松貞範が築城し、のちに豊臣秀吉が改築。さらに1600年、徳川家康の娘婿、池田輝政が城主となり、1601年から9年をかけて、今日に見るような規模の城を完成させた。5層6階の大天守、3つの小天守、それらを結ぶ渡櫓は国宝に指定。1993年、姫路城はユネスコの世界遺産（文化遺産）に登録されている。

池田輝政（鳥取県立博物館所蔵）

狭間（上）と門（写真提供：姫路フィルムコミッション）

　門のそばでは、天井裏にひそんだ兵が下を通過する敵を槍でおそえるしかけもあります。
　天守にも、さまざまなしかけがほどこされています。姫路城の天守は、ひとつの大天守と3つの小天守が渡櫓で四角形につながっています。連立天守という構造です。4つの天守には多くの兵が立てこもり、それぞれが堅固な砦になります。白鷺城の名の由来である壁の白さも、見た目をよくするためだけではありません。白いしっくいは燃えにくいため、火攻めに対して効果的なのです。
　そのうえ、連立天守には、万一、敵が侵入した場合のそなえも用意されています。内部への入り口は1か所。敵は小天守をぐるりと遠まわりをしなければ、大天守に到達できません。しかも、とちゅうに道をふさぐ厚い扉がいくつもあり、やすやすとはすすめません。美しい連立天守は、幾重にも防御をめぐらした究極の要塞でもあるのです。

　もし、敵によって3つの小天守が攻め落とされても、大天守には、少しでも長く籠城して抵抗をつづけられるように、万全のそなえがされています。最大360人もの兵がこもって暮らす可能性を考え、野菜などを洗ったりするための大きな流し台や、6つの個室トイレが用意されています。
　そして、大天守が落とされても、姫路城の最後の抵抗はつづきます。大天守の3階では、窓ぎわにかくし部屋があり、兵士が身をひそめられるようになっています。壁に小さな穴があけてあり、落城後、敵の武将が確認のためにあがってきたところを、鉄砲でねらいうちできるようになっています。
　広大な城下町から天守の小さなかくし部屋まで、美と戦いの迷宮、姫路城の奥深い世界には圧倒されてしまいます。

連立天守閣（写真提供：姫路フィルムコミッション）

Episode.2 築城ラッシュ 奇跡の15年

　1600年、天下分け目の関ヶ原の戦い。今の岐阜県南部でおこなわれたこの戦いで、徳川家康の東軍と石田三成の西軍が激突し、東軍が勝利をおさめます。家康に味方した武将の多くは、ほうびとして西日本に新たな領地をあたえられました。これがきっかけで、築城ラッシュがはじまります。西国大名たちは、それぞれの土地の新しい支配者として権威をしめすため、巨大な城をきずきはじめたのです。

　じつは、そこにはかくされた目的がありました。熊本城をきずいた加藤清正の記録にはこうあります。

　「もし大坂城が落ちることがあれば、豊臣氏を助けて熊本城までしりぞき、城をよりどこ

ろに戦うまでだ」

　西国大名の多くは、もとは豊臣秀吉に忠誠をちかった武将です。もし家康が、秀吉の子である秀頼がいる大坂城を攻めたりすれば、兵をだして秀頼を救出し、自分たちの城にむかえて家康に抵抗しようと考えていたのです。一方、家康はこれに対抗するため、大坂城をかこむようにして、京都に二条城、琵琶湖の東に彦根城などをきずいていきます。徳川方の築城ラッシュです。姫路城は、こうした家康の戦略の重要なポイントだったのです。

　家康から姫路をあたえられ、現在も残る城郭をきずいた大名が池田輝政でした。輝政は、家康の娘婿で、徳川家の一員です。しかし、もとは豊臣秀吉の家臣でもあり、徳川と豊臣の両方に顔がきく人物でした。西国大名と親しい輝政なら、彼らを刺激せずに穏便におさえることができます。しかも、家康が大坂城を攻めるときには、姫路城は西国大名たちの大坂行きをくいとめる重要な場所になります。

　しかし、強大な西国大名を確実におさえる

徳川家康

加藤清正（熊本市立熊本博物館所蔵）

豊臣秀頼

池田輝政（鳥取県立博物館所蔵）

ほどの城をきずくには、池田家52万石の財力でも困難でした。輝政は、領民たちの年貢（今の税金にあたる）を2割引きあげ、家の肥壺にも税金をかけます。肥料としての収入に税金をかけてまで、城の建設資金を集めました。姫路をかためよという家康からの使命に、輝政は必死にこたえようとしたのです。

そして、1609年、巨大で守りのかたい姫路城の天守が完成しました。とはいえ、当時は、むやみに城をつくれたわけではありません。城づくりは家康の顔色しだいであって、輝政も例外ではありませんでした。

姫路城から西へ40キロはなれた兵庫県佐用町に、ある遺跡が残っています。高さ370メートルの山上にあるこの石垣は、姫路城とおなじ時期に輝政が改築させた幻の城、利神城の跡です。利神城は、輝政が西側の国境を守るため、おいの池田由之に改築を命じたものです。輝政は、その完成を聞くと、さっそく見にいきます。すると、そこにあったのは、南北500メートル、東西200メートルの巨大な城。三重の立派な天守がそびえる利神城は、国境防衛という目的に十分かなうものでした。

ところが、輝政は、すぐに天守をとりこわすよう命令をだしました。完成した利神城の強大さは、輝政の予想以上のものだったのです。輝政は、家康から謀反のうたがいをかけられることをおそれ、天守のとりこわしを命じたのだといわれます。

関ヶ原の戦いから14年後の1614年、家康は、ついに豊臣秀頼のいる大坂城への攻撃を開始します。大坂冬の陣です。いよいよ西国大名をむかえうつという、姫路城の真価を発揮するときがくるかと思われました。しかし、すでに有力な西国大名の多くは、死亡したり、家康の弾圧をうけたりして、抵抗する力をうしなっていました。豊臣家の救援のために大坂へむかう大名はいなかったため、姫路城が戦いの舞台になることはなかったのです。

やがて、大坂城は、翌年の大坂夏の陣で落城します。最大のライバル、豊臣家をほろぼした徳川家康は、その後、全国の大名への支配を強めていきます。法令をだし、大名の軍事力をきびしく制限しました。

「今後、城を修理する場合は幕府の許可を得ること」

「新たな城をきずくことは禁じる」

大名たちによる15年にわたる築城ラッシュは、こうしておわりをつげたのです。

利神城跡（兵庫県佐用町）

武家諸法度（元和令）。大名の軍事力をきびしく制限している。

Episode.3 幸運に守られたお城の"奇跡"

　江戸時代の最初の城主、池田輝政の死から4年で、池田家は国がえとなり、その後、姫路城の城主はつぎつぎといれかわります。しかし、どんなに城主がかわっても、みんな共通した不安をかかえていました。それは、城の天守が倒壊するおそれがあるということでした。
　巨大な大天守の重さは5700トン。城の土台が大天守の重さをささえきれず、かたむきはじめていたのです。代々の城主にとって、天守の倒壊をふせぐことが最大の使命になっていきます。そのため、補強工事は、江戸時代をつうじて約20年ごとにおこなわれます。戦いのない天下泰平の時代、天守はすでに無用の長物でした。それでも、なんとか城を守りぬきたいという歴代城主たちの思いが天守を倒壊の危機から救っていたのです。
　その後も姫路城の危機はつづきます。幕末（江戸幕府の末期）の動乱の時代、新政府軍と旧幕府勢力とのあいだで戊辰戦争がおこなわれます。
　1868年、戊辰戦争の発端となった鳥羽・伏見の戦いは、大坂の徳川方と京都の朝廷を味方にした薩摩藩、長州藩などのあいだで勃発しました。徳川方である姫路藩は、西国から京都にむかう反徳川の軍勢に包囲されます。しかし、そのときすでに徳川方の拠点である大坂城は陥落していたため、姫路藩は、城が砲撃をうけるとすぐに降伏し、城を明けわたします。西国大名に対する防波堤だったはずの姫路城は、その役目をまっとうできませんでしたが、結果的に戦火をまぬかれることになったのです。
　明治時代になると、城主がいなくなり、城はその役目をおえます。1873年に公布された廃城令により、陸軍が管理する一部をのぞいて、全国で120をこえる城が処分されることになりました。姫路城は、軍の管理下にはいったものの、不要とみなされた天守が民間に売却されてしまいます。その値段は、現在のお金でわずか10万円だったといいます。買い手の商人は、天守を解体し、瓦を売ってもうけるつもりだったそうですが、姫路城の瓦

約5700トンの大天守をささえる石垣（写真提供：姫路フィルムコミッション）。
斜面に土を盛って建てられているため、土がしずみこんで城の土台がかたむき、倒壊するおそれがあった。

姫路城の瓦　　民家の瓦

は民家のものよりずっと大きく、再利用できませんでした。天守の所有権は国へもどされ、やがて軍のなかから保存の声があがって、処分の危機をまぬかれたのです。

太平洋戦争末期の1945年、アメリカ軍の空襲が日本全国をおそいました。名古屋城や岡山城など、7つの天守がつぎつぎと戦火に消えます。姫路の町も空襲にみまわれました。1万発近い焼夷弾がふりそそいだ町は、夜が明けると一面焼け野原になっていました。ところが、うちひしがれる人々の目にうつったのは、いつもとかわらぬ美しい姫路城。城はアメリカ軍の攻撃をうけましたが、焼夷弾が不発だったなどの幸運がかさなり、焼失をまぬかれたのです。

昭和の大修理のようす（写真提供：姫路フィルムコミッション）。

国宝にも指定されたのです。

その後、昭和にはいり、姫路城の天守は、築城以来、はじめての解体修理がおこなわれました。1956年から8年かけて実施された昭和の大修理です。そして、1993年、姫路城は、法隆寺などとともに日本で最初の世界遺産に登録されます。400年前の高度な建築技術や、大工たちのくふうが当時のまま残されていることが高く評価されたためです。

昭和の大修理から45年後の2009年、姫路城の大天守は、ふたたび大規模な修理にはいりました（平成の大修理）。6年かけて、おもに壁や瓦の補修がおこなわれました。白さにみがきをかけてよみがえった姫路城は、これからも未来にむけて、白鷺のように美しい白い羽をはばたかせつづけることでしょう。

黒い網でおおわれた姫路城の天守（姫路市市史編集室所蔵）。太平洋戦争のとき、空襲にそなえたもの。

しかし、姫路城が今日まで生きながらえたのは、幸運がかさなったからだけではありません。明治時代にはいると、城は放置され、くちはてるのも時間の問題になりました。そのとき、地元、姫路の人々が立ちあがったのです。城の保存を国にうったえ、寄付金をつのりはじめました。その結果、明治時代のすえ、はじめて大規模な修理がおこなわれました。その後も市民の運動はつづき、1928年には城として初の史跡に指定され、3年後には

平成の大修理のようす。

富岡製糸場 世界遺産へ
～世界を魅了した少女たちのシルク～

日本の近代化のために明治政府が設立した富岡製糸場。設立当時の姿を今もそのままとどめている。

探検！富岡製糸場

　富岡製糸場は、明治時代のはじめに建てられた姿が、そのまま今に伝わる貴重な文化財です。それまで手作業だった日本の生糸生産に、はじめて本格的な機械を導入。質のよいシルク（生糸）を大量につくって、世界中に輸出しました。富岡製糸場の知られざる魅力を紹介します。

　富岡製糸場の広大な敷地には、さまざまな役割をもった建物がならんでいます。東置繭所には、シルクの原料となる繭が保管されていました。建物は全長およそ100メートル。建物に使われたレンガの数は10万個にもおよびます。

　富岡製糸場の心臓部にあたる繰糸所は、繭から糸をとる場所です。ずらりと機械がならび、十代の少女をふくむ300人もの女性たちが同時に作業にあたったといいます。創業当時、明治政府は、フランスから最先端の機械

全長100メートルにもおよぶ東置繭所。

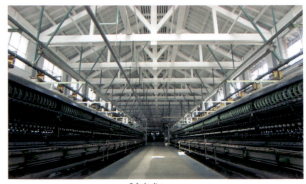

機械がずらりとならぶ繰糸所。

富岡製糸場

■解説

1872年、群馬県の富岡に設立された官営（国営）の製糸工場。フランスから最新の機械と技術を導入した日本初の本格的な製糸工場で、生糸の大量生産を実現した。繰糸所や置繭所など、おもな建物が創業当時のまま保存されている。1893年、民間にはらいさげられ、1987年に操業停止となる。2014年、「富岡製糸場と絹産業遺産群」の名で、近代養蚕農家の古民家である田島弥平旧宅などとともに、ユネスコの世界遺産（文化遺産）に登録されている。

富岡製糸場

を大量に輸入し、技術指導者として、現地から技師をまねきます。フランス人技師のために、当時、政府の太政大臣に匹敵するほどの報酬を用意したそうです。製糸場全体にかかった費用は、現在の価値で600億円です。こうして、1872年、国の威信をかけた巨大な製糸場が完成したのです。

それにしても、蚕の繭から、いったい、どうやってシルクの糸ができるのでしょう。もともと、繭は蚕がはきだす1本の糸からできています。お湯でほぐして糸をとり、5本たばねて1本の糸にします。それを糸車にまきとってねじると、糸束のシルクが完成です。ポイントは、糸がとぎれたとき、すぐに新しい繭から糸をとって、つぎたす作業。こうして太さが一定にたもたれ、なめらかな肌ざわりのシルクが生まれるのです。髪の毛の4分の1という細さの糸をとるのは、手先が器用な女性むきの仕事。だからこそ、多くの女性たちの力が求められたのです。

蚕の繭

5本を1本に

シルク（生糸）

ところが、開業当初、糸をとるために欠かせない女性たちが、ひとりも集まらなかったといいます。じつは、当時、富岡製糸場にいくと外国人に血をすいつくされて、生きては帰れないという話が広まっていたようです。フランス人技師が飲んでいた赤ワインが、生き血だと誤解されて広まったのでした。

初代工場長をまかされた尾高惇忠は、なんとか誤解をとこうと、方々に手紙を書いたり、知人をたよって一軒ずつたのんでまわったりしましたが、なしのつぶてでした。そんなとき、14歳になる自分の娘、勇が、父の役に立ちたいと決断しました。第1号の工女が誕生します。工場長の娘がみずから志願したことで、生き血のうわさは自然と消えていきました。その後、十代の若い少女たちがぞくぞくと応募してきて、集まった女性は総勢188人。富岡製糸場は、ようやく本格的に事業をスタートさせることができたのです。

富岡製糸場でとられたシルクは、またたくまに世界を席巻します。アメリカやヨーロッパへと輸出され、その光沢と繊細さで、一躍人気を博します。高品質なものを安定的に供給できる高い技術力が世界の称賛をあびたのです。

Episode.2 "一等工女になりたい" 明治の青春物語

「一等工女」とは、特別な技術を身につけた者だけにあたえられる名誉ある称号です。富岡製糸場の工女たちのあこがれの的でした。長野からやってきた少女、横田英も、一等工女にあこがれたひとり。英は、製糸場での生活を克明に記録しています。一等工女を目ざして奮闘する少女の手記からうかびあがる、明治の青春物語を紹介します。

生糸をとる工女たち。

横田英
（国立国会図書館）

1873年、富岡製糸場に15歳の横田英がやってきます。士族の娘で、最新の技術を学ぶために応募してきました。英は、はじめて見る巨大なヨーロッパ建築に目をみはります。レンガづくりの建物は錦絵でしか見たことがなかったのです。製糸場にはいると、なかはフランス製の機械がはなつ、まばゆい光でみちあふれていました。英は、希望に胸をふくらませたといいます。

翌日から作業がはじまりました。英は、機械だけでなく、働きかたもまったく新しいものであることを実感します。労働時間は朝7時から夕方4時半までで、休憩は3回。日曜日は休みで、夏休みと冬休みもありました。こうした規則正しい働きかたも、富岡製糸場がほかに先がけてとりいれたもので、のちの「女工哀史」でえがかれた民間製糸工場の過酷な環境とは一線を画すものでした。

そんななかで、いきいきと生糸をとる工女たち。英も、早く糸取りをしたいと願いますが、実際の仕事は、繭をえりわけたり、お湯で煮たりする、いわば下積み作業ばかり。それぞれの力量にあわせて、あたえられる作業が決まっていたのです。

4つにわかれた等級のうち、新人は見習いあつかいで「等外」。糸取りがゆるされると、はじめて一人前の工女とみとめられます。工女になってからも、生糸をとる量で等級が昇進。1日に4束とれるようになると、最上位の一等工女とみとめられます。給料も、等外が年収9円なのに対し、一等工女は3倍近い25円。一等工女になれるのは全体のわずか3％でした。

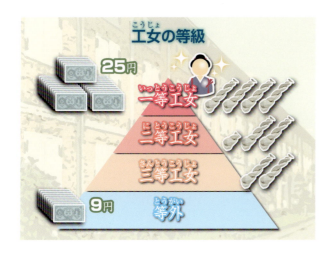

　さらに、一等工女にだけゆるされる特別待遇がありました。それは、赤いたすきと高ぞうりです。一等工女のりりしい姿は、製糸場内だけでなく、街なかでもあこがれの存在だったといいます。

　しかし、1か月後、新たに山口県から30人の女性たちがやってくると、その女性たちは見習いの作業をすることなく、すぐに糸取りをゆるされたのです。山口県は、もとは明治維新で中心的な役割をはたした長州藩で、新政府内でも大きな力をもっていました。その影響力からか、製糸場でも山口県出身というだけで特別あつかいされたのです。

　これを知った英が、大胆にも上司にうったえました。

　「わたしたちは、一日も早く糸取りをしたいという一心ではげんできたのです。山口の方々だけがすぐに糸取りをなさるなんて、えこひいきではないですか！」

　女性が堂々と意見をのべるなど考えられなかった時代。英の気迫に圧倒され、上司もかえす言葉がなかったといいます。

　5日後、うったえがみとめられ、英もついに糸取りをさせてもらえることになりました。

　ところが、糸取りのむずかしさは想像以上。英は、1日に1束とることすらできませんでした。それでも、できるだけ多くとろうとして、トイレにいく間もおしんで作業に没頭しました。

　仕事にけんめいにうちこむ英でしたが、日曜日はお休みです。手記には、英たちが夢中になった休日のすごしかたもつづられていました。なじみの店に出かけては月払いで着物を買い、おしゃれをしていたようです。

　製糸場にきて8か月。英はついに、1日に4束の生糸をとることに成功しました。それからほどなく、一等工女にのぼりつめたのです。

一等工女がえがかれた錦絵「工女勉強之図」（長野市立博物館所蔵）。高ぞうりをはき、赤いたすきをつけたりりしい立ち姿は、あこがれの目で見られた。

　世界から称賛された富岡シルク。それは、自分の技を高めたいとはげんだ工女たちの一途な思いからとられたものでした。英とおなじように富岡製糸場で技術を身につけた工女たちは、その後、日本各地につくられた製糸場で技術指導にあたります。その結果、1909年、日本はついに世界一のシルク輸出国になったのです。

Episode.3 少女たちの戦争

　明治時代の後半に、富岡製糸場の経営は民間にうつりますが、その後も、製糸場の生糸生産量は右肩あがりでふえつづけました。

　しかし、1941年8月、状況は急変します。アメリカが日本に対して経済封鎖をおこない、石油の輸出をとめたのです。機械を動かすためには、燃料である石油が欠かせません。製糸場では、しだいに作業を休む日がふえていきました。やむをえず、工女たちは、山でまきをひろって燃料にしたといいます。

　その年の12月に太平洋戦争が勃発すると、最大の輸出先だったアメリカむけの生産は完全にストップしてしまいます。この先どうなるのかと不安がつのるなか、工女たちは、朝礼で意外な命令を聞かされます。その命令とは、パラシュート（落下傘）に使う太くてじょうぶな生糸をつくれというものでした。開戦にともなって、パラシュートを増産するため、富岡製糸場の生糸を転用することが決まったのです。

　パラシュートの傘の直径は6.43メートル。

行啓記念碑設置式典のようす（個人蔵）。

航空機から降下するパラシュート部隊。右は、実際に太平洋戦争で使われた絹のパラシュート（千葉県習志野にある自衛隊の駐屯地）。

富岡製糸場の従業員による軍事訓練（片倉工業所蔵／富岡製糸場寄託）。

　"絹は兵器"という合い言葉とともに、生産が奨励されます。強度をますため、通常の3倍の太さの糸が使われました。

　戦争がすすむにつれ、製糸場の中庭では、軍の指導のもと、従業員の軍事訓練もおこなわれるようになります。富岡製糸場も、いやおうなく戦時体制下に組みこまれていったのです。

　1944年のすえごろには、戦火は富岡の地にもせまってきます。当時の緊迫したようすを物語るものが製糸場に残されていました。「空襲警報発令中」と書かれた看板です。富

床板の一部がはずれるようになっている。

床板をはずし、階段をおりて地下にいくと、防空壕としても使った食料貯蔵庫があった。

岡製糸場の上空にも、アメリカ軍のB29爆撃機があらわれるようになっていたのです。

1945年8月5日、ついにB29の大編隊が製糸場の上空にせまります。空襲警報が鳴りひびくなか、工女たちは、ある建物へいって床板をはずし、階段をおりて地下へいきました。奥には、フランス人技師が使っていた食料貯蔵庫があります。いざというとき、防空壕として逃げこむように教えられていた場所でした。

この日、B29が攻撃したのは、富岡製糸場からわずか20キロほどのところにある前橋市でした。爆撃で535人が命を落としています。

空襲から10日後の8月15日、太平洋戦争はおわります。富岡製糸場は、無傷で終戦をむかえることができました。

戦争のさなか、工女たちがとったシルクは、平和の到来とともに、ふたたび人々の心をときめかせることになります。戦後、この富岡製糸場のシルクは、日本の復興をささえました。しかし、時代とともに、絹産業は衰退していきます。1987年、ついに操業停止。富岡製糸場は、115年の歴史に幕をおろすことになりました。

富岡製糸場をおとずれた観光客が、よく足をとめて記念撮影をする石碑があります。そこにきざまれているのは、創業してまもない1873年、働く工女たちにむけてよまれた歌です。

富岡製糸場皇后皇太后行啓記念碑

「いと車　とくもめぐりて　大御代の
　　　富をたすくる　道ひらけつつ」

糸をとる車をまわすことは、社会をゆたかにする道をひらく──。この歌は、明治天皇の皇后がおとずれた際によんだものです。工女たちへのはげましのメッセージが、世代をこえて歌いつがれてきました。

日本の近代化の原点となった富岡製糸場。操業停止のあと、20年近く建物を守ってきたのは所有する民間企業でした。"売らない" "貸さない" "こわさない" という方針のもと、年間1億円もの費用をかけて建物を維持してきました。その地道な活動は、やがて地域の宝として伝えたいという人々のうねりを引きおこし、製糸場の管理は富岡市に引きつがれていきます。2014年、多くの人々の思いによって、富岡製糸場の世界遺産（文化遺産）登録が実現したのです。

NHK「歴史秘話ヒストリア」制作スタッフ

制作統括	木道 壮司　田畑 壮一　田辺 雅泰　大墻 敦　宮本 晶樹　渡辺 圭　坂口 真 (プロデューサー)
ディレクター	原 克肇 「嚴島神社 ふしぎの島の物語 ～ヒーローたちが愛した世界遺産・宮島の旅～」(2012年4月25日放送)
	平位 敦 「それ行け! パワースポット ～世界遺産・熊野と女たち～」(2012年6月6日放送)
	堀内 信久 「せめて キモチいい部屋をつくろう ～金閣と銀閣 美を愛した将軍たち～」(2012年6月27日放送)
	今野 雄一 「富士山に魅せられて ～日本一の名峰を巡る人々の物語～」(2013年9月4日放送)
	花村 芳輝 「姫路城 美と強運の400年物語 ～巨大迷路の秘密を探る旅～」(2009年9月9日放送)
	中元 健介 「富岡製糸場 世界遺産へ ～世界を魅了した少女たちのシルク～」(2014年5月21日放送)
協　力	NHKエデュケーショナル
デザイン	グラフィオ
ＣＧ制作	タニスタ
図版作成	中原武士
編集・DTP	ワン・ステップ

NHK 新歴史秘話ヒストリア
歴史にかくされた知られざる物語

5 日本がほこる世界遺産

2018年1月 初版発行

NHK「歴史秘話ヒストリア」制作班／編

発行所	株式会社 金の星社 〒111-0056 東京都台東区小島1-4-3 電話　03-3861-1861 (代表) FAX　03-3861-1507 振替　00100-0-64678 ホームページ　http://www.kinnohoshi.co.jp
印　刷	株式会社 廣済堂
製　本	東京美術紙工

NDC210　40p.　29.5cm　ISBN978-4-323-06830-5

©NHK & ONESTEP inc., 2018
Published by KIN-NO-HOSHI SHA, Tokyo, Japan.

乱丁落丁本は、ご面倒ですが、小社販売部宛にご送付下さい。
送料小社負担にてお取替えいたします。

JCOPY　出版者著作権管理機構 委託出版物

本書の無断複写は著作権法上での例外を除き禁じられています。複写される場合は、そのつど事前に
出版者著作権管理機構 (電話 03-3513-6969、FAX 03-3513-6979、e-mail: info@jcopy.or.jp) の許諾を得てください。
※本書を代行業者等の第三者に依頼してスキャンやデジタル化することは、たとえ個人や家庭内での利用でも著作権法違反です。

NHK新歴史秘話 ヒストリア
歴史にかくされた知られざる物語

全5巻

- シリーズNDC：210（日本史）
- A4変型判 40ページ
- 図書館用堅牢製本

NHK「歴史秘話ヒストリア」制作班：編

NHK番組「歴史秘話ヒストリア」から、教科書にも掲載されるような有名な歴史上の人物や事件、歴史的遺産をおもに取りあげて収録。知られざる歴史の秘話をたっぷりと紹介します。発見と感動の連続で、歴史が身近に感じられるシリーズ・第4弾！

① 乱世を生きた戦国武将
「今川義元」「織田信長/太田牛一」
「明智光秀」「服部半蔵」
「大谷吉継/福島正則/吉川広家」「豊臣秀頼」

② 歴史を動かした女性
「持統天皇」「日野富子」「井伊直虎」
「立花誾千代/妙林尼」「天璋院・篤姫」
「夏目漱石/夏目鏡子」

③ かがやく日本文化
「前方後円墳」「天文学（天武天皇）」
「びわ湖（最澄/松尾芭蕉）」「鑑真」
「和食（道元/千利休）」「ザビエル」

④ 太平洋戦争の記憶
「二・二六事件」「潜水空母 伊400」
「給糧艦 間宮」「東京ローズ」
「鈴木貫太郎」「外交官グルー」

⑤ 日本がほこる世界遺産
「嚴島神社（平清盛）」「熊野（白河上皇）」
「金閣寺/銀閣寺」「富士山（足利義教）」
「姫路城（池田輝政）」「富岡製糸場」